A LA RECHERCHE

D'UNE

CONSTITUTION

A LA RECHERCHE

D'UNE

CONSTITUTION

PAR

CLAUDEL

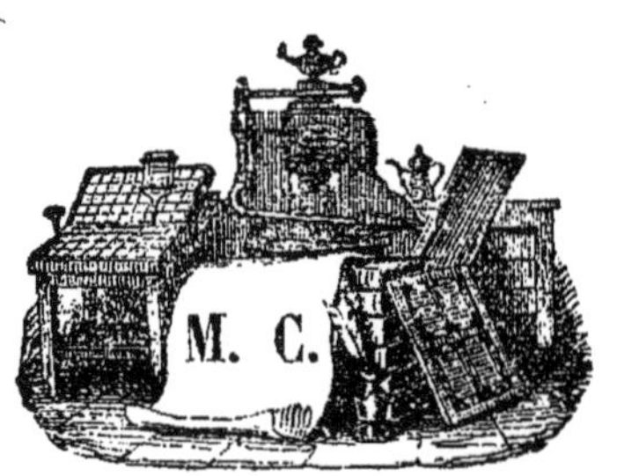

ARGENTAN

IMPRIMERIE TYPOGRAPHIQUE ET LITHOGRAPHIQUE DE M! CAGNANT.

1871

PRÉFACE

C'est un devoir pour tout citoyen qui brigue les suffrages des électeurs, de ne pas s'en tenir à une vague
profession de foi, mais de donner des explications catégoriques, en faisant connaître ses vues politiques et
le but où tendraient ses efforts. Aussi me suis-je proposé de développer les principes que je n'avais fait qu'é-
noncer quand je disais aux électeurs de la Manche :

« En posant ma candidature à la Constituante, il est
indispensable de vous faire connaître les principes que
que je m'efforcerais de faire prévaloir dans la nouvelle
Constitution. En 1789 et en 1848, on a affaibli le pouvoir par haine du despotisme. Mais un pouvoir faible
conduit fatalement à l'anarchie, et de l'anarchie à la
tyrannie il n'y a qu'un pas, le 18 brumaire et le 2 décembre nous l'ont cruellement appris. Quand on voit la République deux fois renversée, il faut toujours craindre
que l'insécurité de la propriété, le manque de confiance
dans le gouvernement, les passions tumultueuses de la
rue n'amènent les esprits à considérer les avantages de
la liberté comme imaginaires, car alors le dégoût de vi-
vre dans une agitation et une incertitude continuelles
dispose les citoyens à tout changement qui promet le
repos et la sécurité.

Fortifions donc le pouvoir, et repoussons toute crainte en constituant le département et la commune sur la base de la plus large décentralisation ; que l'un et l'autre aient la libre et absolue disposition de leurs intérêts locaux : assiette de l'impôt, instruction, cultes, travaux publics, que les magistrats de l'ordre administratif et judiciaire dépendent de leurs administrés par l'élection et alors si quelque criminelle tentative de restauration monarchique osait se produire, elle ne serait plus appuyée par cette armée de fonctionnaires, qui se rua sur la France au 2 décembre, en même qu'elle ne rencontrait une insurmontable résistance dans l'esprit public développé par la pratique des libertés politiques.

La République de 1870, en réalisant ainsi l'union intime de l'ordre et de la liberté, défiera les vains efforts de ses ennemis, bravera leurs calomnies, déjouera leurs honteuses manœuvres, et réparant les terribles malheurs qu'a versés sur notre chère patrie le despotisme impérial, ouvrira pour la France une nouvelle ère de prospérité.

LE SUFFRAGE UNIVERSEL ET LE SCRUTIN DE LISTE

Il est de la plus haute importance que le vote se fasse non-seulement en toute liberté, mais encore en connaissance de cause, et l'on ne pourra jamais dire qu'un pays est sérieusement représenté quand des électeurs déposeront dans l'urne le nom d'un homme dont ils ne connaissent d'une maniére précise ni le passé, ni les principes politiques. Malheureusement c'est le cas des habitants des campagnes, et d'une grande partie de ceux des villes : les préoccupations journalières, l'habitude de se reposer du soin des affaires publiques sur les hommes influents de la localité, la rareté des journaux politiques toujours trop chers, pour qui gagne péniblement sa vie, et trop souvent aussi l'ignorance, telles sont les principales causes qui les empêchent de s'élever jusqu'à l'intelligence des affaires générales, qui ne sont cependant que la collection de nos intérêts communs. Ils ne sentent point le lien indissoluble qui enchaîne leurs intérêts particuliers aux intérêts généraux ; ils ne voient pas que de la direction de ces derniers dépend la prospérité ou la ruine des premiers, et dès lors le choix d'un député est pour eux une affaire de peu d'importance. Ils prendront celui qu'on leur imposera par l'intimidation, ou celui qu'on leur fera trouver bon, en leur montrant dans le candidat des villes un homme de partage, de désordre, et de sang. Telle est la pratique des 20 derniéres années, car l'on peut dire sans crainte d'être contredit que la devise du dernier des Bonaparte a été : « diviser et abêtir pour régner. » Diviser en opposant sans cesse les campagnes aux villes, en montrant celles-ci comme des foyers d'où l'anarchie était toujours prêts de s'élancer sur la France si elles n'eussent été baillonnées par la main d'un maître tout puissant ; abêtir, en écrasant de lourds impôts, de gros cautionnements les industries (papeterie, librairie, imprimerie) qui pouvaient par le bon marché de leurs produits faire pénétrer la lumière jusque dans les villages les plus éloignés et dans les intelligences les plus épaisses.

Mais si la masse des électeurs a été généralement inintelligente dans le choix de ses délégués, avec l'élection par circonscriptions, on voit aisément que le danger est plus grand encore avec le scrutin de liste. Dans le premier cas, le candidat qui habite ordinairement la circonscription est connu d'un grand nombre d'électeurs ; c'est un avantage, mais ce n'est pas une garantie suffisante, puisque la majorité n'est pas toujours apte à juger de la valeur des principes politiques du candidat, ainsi que je l'ai montré plus haut, et que les événements nous l'ont trop prouvé.

Mais dans l'autre cas, des citoyens connus dans un petit rayon seulement briguant les suffrages de tout un département, il faut redouter par dessus tout l'incapacité du plus grand nombre en matière électorale. Reviendrons-nous au suffrage restreint, comme semblent le souhaiter beaucoup de gens intelligents qui ne veulent plus (et avec raison) se voir annulés par les masses ignorantes qui nous ont conduits, après 20 ans de prospérité trompeuse, aux lamentables revers de Reichshoffen et de Sédan? Non, car la République de 1870 ne peut pas oublier que la révolution de 1848 s'est faite pour le suffrage universel, et que la législative en revenant au suffrage restreint, a fourni à l'homme du 2 décembre l'occasion d'un coup d'État, qui lui donnait trois millions d'adhérents en rétablissant le suffrage universel.

Il y a cependant un moyen de concilier le suffrage universel avec le scrutin de liste : c'est l'élection à deux degrés. Que les citoyens de chaque commune réunis en assemblées primaires nomment un centième d'entre eux, par exemple, et que les électeurs ainsi désignés, que j'appellerai *électeurs nationaux*, choisissent les députés. De la sorte, le département de la Manche compterait environ dix-sept cents électeurs nationaux et Cherbourg en particulier près de soixante.

La majorité des citoyens ferait œuvre de bon sens et de patriotisme, en déléguant ses pouvoirs à ceux qu'elle jugerait les plus capables de faire un bon choix. Je ne vois guère, pour s'opposer à un pareil système, que les gens présomptueux qui, dans leur modestie, s'accordent toutes les capacités et, par un fol entêtement, préfèrent nous mener tous les 20 ans au bord de l'abîme, plutôt que de remettre à de plus habiles le soin de mener à bien l'élection d'un député.

La supériorité du suffrage à deux degrés sera suffisamment prouvée, quand on saura que les deux premières Assemblées de 89, la Constituante et la Législative, ont été formées de la sorte, et nul ne peut dire que les choix ont été malheureux, quand on trouve dans la première Mirabeau, Lafayette, Bailly, Barnave, Duport, Mounier, Lally-Tollendal, Malouet, et je ne cite que les plus connus; et dans la seconde Vergniaud, Guadet, Gensonné, les deux Carnot Isnard, Condorcet, Brissot et tant d'autres, qui furent ensuite envoyés par les électeurs à la Convention.

De plus, on pourrait désormais demander aux candidats autre chose que de banales professions de foi et des imprécations contre la tyrannie. En présence du groupe électoral ainsi choisi, ils seraient tenus de donner des explications catégoriques, d'exposer amplement leurs principes politiques, de répondre aux objections qu'ils soulèveraient, et, par une discussion approfondie, ils établiraient leur aptitude à représenter le département.

Ces réunions pourraient même renfermer tous les électeurs nationaux en raison de leur petit nombre ou une grande partie d'entre eux, ce qui aurait l'immense avantage de mettre directement en rapport le futur mandataire et ses mandants. D'autre part ceux-ci, comme en 1789, formuleraient dans des cahiers leurs demandes, qui réfléteraient ainsi la pensée intime du pays et, fixeraient la ligne politique imposée au député.

Enfin on aurait résolu aussi heureusement que possible la question du vote au canton. Les scandales électoraux du régime impérial font une nécessité à tout gouvernement soucieux de la dignité d'une assemblée nationale, de ne faire voter que sous les yeux d'une population nombreuse, inaccessible aux intimidations, et qui osât protester contre toute irrégularité. Mais alors le déplacement des électeurs nationaux, toujours peu nombreux, n'apporterait pas de perturbation dans les affaires journalières comme il arrivera nécessairement avec le suffrage universel direct, que nos adversaires nous accuseront d'avoir sinon aboli du moins rendu impraticable, en imposant aux habitants des campagnes

un déplacement dans l'espérance que peu d'entre eux se décide-
deront à l'accomplir.

La République de 1870 doit repousser énergiquement de pareilles imputations, en donnant à chacun le moyen d'exercer ses
droits politiques dans toute leur plénitude; or, je ne vois pour y
arriver que le scrutin de liste et l'élection à deux degrés.

DE LA SÉPARATION DES POUVOIRS.

Il est peu de personnes qui ne comprennent qu'en laissant aux mains d'un même homme le pouvoir de faire les lois, celui de disposer de la force armée et celui de rendre la justice, on fonde la tyrannie la plus inébranlable. Aussi la nécessité de séparer les pouvoirs exécutif et judiciaire est-elle universellement reconnue. Mais cette séparation doit être effective, non apparente, comme avait fait la Constitution impériale. On avait bien donné le pouvoir exécutif à un seul homme, le législatif à deux assemblées, tandis que la justice était rendue par des magistrats inamovibles. Mais pour qui voulait aller au fond des choses, il y avait là le despotisme le plus redoutable, car rien n'était sérieusement séparé; et je le prouve en rappelant que le souverain, ou le pouvoir exécutif, avait seul l'initiative des lois, que le Sénat, quoique viager, n'était qu'une réunion de ses créatures, que le Corps législatif, par les candidatures officielles, n'était qu'une doublure du Sénat, et que les juges, nommés par lui, ayant tout à craindre et tout à espérer de lui, il n'y avait nulle justice politique à attendre d'eux : de là résultait en fait la confusion de tous les pouvoirs dans une seule main, c'est-à-dire un despotisme organisé si puissamment, que rien ne pouvait le renverser, si ce n'est une horde de barbares, comme celle qu'il a déchaînée sur le sol de la France.

Ainsi pour maintenir l'intégrité de nos droits, il ne suffit pas qu'une Constitution sépare les pouvoirs, il faut encore que leur organisation et leur origine assure cette séparation. Bien des essais ont été tentés depuis 1789, car on en peut compter jusqu'à dix; mais aucun n'a résisté, et les plus heureux n'ont vécu que vingt ans. Pour trouver aujourd'hui la meilleure pondération des pouvoirs, il ne faut pas suivre aveuglément les traditions de

89 comme on a fait en 1848, mais s'inspirer de l'expérience des quatre-vingts dernières années, pour ne pas retomber de la République dans la Monarchie. Puissions-nous enfin profiter des leçons du passé !

Ce qu'il y a de plus à craindre au sortir d'un régime monarchique, c'est une défiance excessive, exagérée du pouvoir exécutif. Cette défiance porte les esprits à le confier à un comité composé d'un petit nombre de membres : et c'est là une des formes les plus défectueuses qu'on ait jamais imaginées. Deux fois nous l'avons éprouvé : en 1795 avec le Directoire et en 1848 avec la Commission exécutive, formée de MM. Arago, Marie, Garnier-Pagès, Lamartine et Ledru-Rollin. Les événements n'ont pas ardé à montrer l'impuissance absolue d'un pareil comité. Je ne retracerai pas les coups d'État par lesquels le Directoire se soutenait, en s'appuyant tantôt sur les républicains, tantôt sur les royalistes, ni les revanches que prenaient les deux Chambres, en forçant quelques directeurs à se retirer ; un pareil régime par des agitations sans fin, des révolutions sans causes, des changements sans résultats, travaillait plus sûrement à renverser la République, que les partisans avoués de la Monarchie, et c'est ce qui explique sa chute au 18 brumaire, sous les coups du premier des Bonaparte, sans exciter le moindre regret, tant on était disposé à tout changement qui promettait le repos et la sécurité.

Telle est encore l'histoire de la Commission exécutive de 1848. Malgré les leçons du passé, par une haine aveugle de la royauté, on donna le pouvoir à un comité de cinq membres : c'était de gaieté de cœur plonger la France dans l'anarchie, et l'attente ne fut pas longue. Installée le 4 mai 1848, la Commission ne put empêcher l'insurrection du 23 juin, et l'on dut confier la dictature au général Cavaignac. Instruite par l'expérience, la Constituante lui laissa le pouvoir jusqu'à l'achèvement de la Constitution, qui, cette fois, établissait l'unité du pouvoir exécutif. Cette revue rétrospective prouve mieux que tous les raisonnements que si la délibération doit appartenir à plusieurs, l'action ne doit être qu'à un seul. Mais une erreur plus grave encore, s'il se peut et plus difficile à déraciner, parce qu'elle est dans le fond de l'esprit français, c'est que le pouvoir législatif doit être exercé par une seule Chambre. On a toujours devant les yeux les Sénats du premier et du second Empire, les pairs de la Restauration ou de la monarchie de juillet, et l'on s'imagine que la seconde Chambre serait aussi impopulaire que ces Assemblées, sans songer que celles-ci n'avaient pas de racines dans le pays, et que tout dévouées au souverain, elles avaient des intérêts différents de ceux du peuple : de là leur antagonisme avec la chambre des députés. Mais il n'en serait pas de même avec une seconde chambre élective, nommée autrement que l'autre, parce qu'elle n'en fut pas une doublure, et ayant une durée différente.

Mais, dira-t-on, de deux choses l'une : ou les deux Assemblées seront toujours d'accord, et la seconde sera inutile, ou elles seront parfois en opposition, et il y aura danger. A la première objection, je réponds que l'accord des deux Assemblées sera une preuve que les lois votées sont vraiment bonnes, puisqu'elles sont adoptées par deux corps d'origine différente, et de plus, je crois que le public n'aura rien à perdre d'une discussion répétée, sérieuse, approfondie, qui formerait notre éducation politique, fort incomplète d'ailleurs ; et dans le cas de désaccord, il n'y aura là qu'un retard, plus ou moins long, dans l'adoption d'une loi, qu'une précipitation exagérée peut rendre défectueuse, qui peut même quelquefois être préjudiciable à la France entière.

Ici encore éclairons-nous des lumières de l'histoire, étudions les dispositions diverses de nos constitutions, et bientôt les hommes de bonne foi reconnaîtront qu'il n'y a pas de despotisme pire que celui d'une Assemblée, qui par le pouvoir législatif fait et défait les lois, et par suite fait peser d'une manière permanente l'incertitude sur le pays, puisque nul n'est assuré que la loi d'hier sera la loi de demain ; et n'allez pas dire que la supposition est impossible, qu'elle est absurde, car je vais la justifier sans réplique par ce fait qu'en 1848 un impôt fut supprimé à une voix de majorité, et rétabli le lendemain en déclarant qu'on avait mal voté. Ne sentez-vous pas de quelle déconsidération est frappée une Assemblée qui, dans l'espace de deux jours, fait et défait une loi ; ne voyez-vous pas la confiance disparaître, parce que tout devient incertitude, quand on voit sept cent cinquante députés agissant par boutades et caprices, comme l'enfant qui, dans la même minute, embrasse et bat sa poupée ? Et ce pouvoir de faire des lois, qu'aucun pouvoir ne contrôle, qu'est-ce donc encore, sinon la tyrannie? N'avons-nous pas vu la Législative de 48 supprimer, par la loi du 31 mai, trois millions d'électeurs, et détruire d'un trait de plume ce qu'avaient fait les vaillants citoyens des journées de février? Voulons-nous voir les droits conquis avec notre sang indignement violés par une Assemblée? laissons-la seule en possession du pouvoir législatif, n'imposons aucun frein à son omnipotence, et bientôt nous verrons les glorieuses conquêtes de la Révolution à la merci du parti qui dominera l'Assemblée.

De plus, dès que vous mettez en présence de l'exécutif, une seule chambre, il y a de part et d'autre une recherche exclusive et par suite dangereuse de popularité : ou le pouvoir exécutif deviendra impopulaire, comme il est arrivé à Louis XVI, et alors il est sans force contre la désorganisation intérieure ; ou c'est l'Assemblée qui est déconsidérée, comme en 1851, et le président peut tout oser contre elle, parce qu'il a pour lui l'opinion publique.

Peut-être viendra-t-il à quelques-uns l'idée de faire cesser cet antagonisme fatal, en confiant tous les pouvoirs, à une seule assemblée. La situation est plus difficile encore, nous avons une nouvelle Convention.

Laissons la parole à un de ses membres, dont le nom sera à jamais honoré, au courageux Boissy-d'Anglas. Après la chute de Robespierre, il fut rapporteur de la commission chargée de rédiger le programme d'une nouvelle Constitution, et voici ce qu'il disait de la Convention, devant la Convention même :

« Je m'arrêterai peu de temps, à vous retracer les dangers inséparables de l'existence d'une seule Assemblée ; j'ai pour moi votre propre histoire et le sentiment de vos consciences. Qui mieux que vous pourrait nous dire quelle peut-être dans une seule Assemblée l'influence d'un individu ; comment les passions qui peuvent s'y introduire, les divisions qui peuvent y naître, l'intrigue de quelques factieux, l'audace de quelques scélérats, l'éloquence de quelques orateurs, cette fausse opinion publique dont il est si aisé de s'investir, peuvent y exciter des mouvements que rien n'arrête, occasionner une précipitation qui ne rencontre aucun frein, et produire des décrets qui peuvent faire perdre au peuple son honneur et sa liberté si on les maintient, et à la représentation nationale sa force et sa considération si on les rapporte?

« Dans une seule Assemblée, la tyrannie ne rencontre d'opposition que dans ses premiers pas. Si une circonstance imprévue, un enthousiasme, un égarement populaire lui font franchir un premier obstacle, elle n'en rencontrera plus. Elle s'arme de toute la force des représentants de la nation contre elle-même; elle établit sur une base unique et solide le trône de la terreur, et les hommes les plus vertueux ne tardent pas à être forcés de paraître sanctionner ses crimes, de laisser couler des fleuves de sang, avant de parvenir à faire une heureuse conjuration qui puisse renverser le tyran et rétablir la liberté. »

Mais la Constitution proposée par Boissy-d'Anglas, dite de l'an III, qui donnait le pouvoir législatif à deux Chambres : celle des Cinq-Cents, et celle des Anciens, avait commis la faute de confier le pouvoir exécutif à un Directoire composé de cinq membres, tant était enracinée dans les esprits la peur de quelque dictature; et nous avons vu que c'était la cause de la faiblesse de ce gouvernement qui, en perdant bientôt toute confiance, fit le succès de Bonaparte.

Nous sommes donc arrivés à introduire dans la Constitution, comme éléments fondamentaux, l'unité du pouvoir exécutif, le partage du législatif entre deux assemblées électives. La supériorité de cette organisation, ressort encore de ce que les gouvernements qui l'ont adoptée depuis 1789 ont eu la plus longue durée. La Restauration a vécu 15 ans avec ce régime, la Monarchie de juillet et le second Empire 18, tandis que les Constitutions républicaines n'ont jamais duré plus de trois ans. Et cependant ces régimes sont tombés, parce que ces garanties qui sont nécessaires ne suffisent point, parce qu'elles ne règlent que les rapports des pouvoirs législatif et exécutif entre eux, et qu'en tout cela, il n'est nullement question des droits inaliénables du peuple souverain, et qu'il n'y a nul pouvoir qui empêche les deux autres d'empiéter sur la Constitution, et la fasse respecter par les législateurs eux-mêmes.

Cette lacune qu'on trouve dans tous les régimes depuis 1789, il faut la combler, et je ne vois guère de remède que l'organisation d'un pouvoir judiciaire tel qu'il a été compris aux Etats-Unis, et grâce auquel les Américains ont vu durer déjà 80 ans leur République.

Chez nous la mission de rendre la justice a toujours été confiée à des magistrats dépendant du souverain, et dont l'unique fonction est d'appliquer la loi. Or, nul n'ignore que si les constitutions qu'a vues la France depuis 80 ans, nous reconnaissent tous les droits conquis par nos pères en 1789, il n'y avait pas un seul de ces droits qui ne fut annulé par une loi particulière, qui avait la prétention de nous en rendre la pratique plus aisée, grâce à une sage réglementation. Si donc, trop confiants dans la Constitution, vous vous avisiez, en vertu du droit de réunion, de tenir une assemblée publique, le juge Bernier, ou tel de ses intègres collègues que vous voudrez, vous rappelait, après vous avoir légèrement calomnié, suivant l'éternel usage, qu'en vertu de telle ou telle loi, à votre choix, vous aviez commis un délit voire même un crime, qui le forçait à vous condamner avec dépens. cela s'entend.

Mais si à côté de cette administration de la justice nous plaçons un pouvoir tout à la fois judiciaire et politique, une cour supérieure dont la mission sera de veiller au maintien de la Constitution, et à qui vous en appelerez de la décision des tribunaux inférieurs, les choses changent d'aspect. Cette cour prononcera que la Constitution est la loi fondamentale du pays, à laquelle le législateur est soumis comme tous les autres citoyens, et par suite elle décidera en faveur de la loi générale contre la loi particulière si celle-ci viole la Constitution, Ainsi seront garantis nos droits les plus sacrés, et désormais nous ne serons pas contraints de recourir à la Révolution tous les 20 ans pour les reconquérir, faute d'un pouvoir gardien du pacte fondamental.

De cette étude ressortent comme nécessités du premier ordre : 1° l'unité du pouvoirs exécutif; 2° le partage du pouvoir législatif entre deux chambres (celle des Représentants et celle des Anciens); 3° l'organisation d'un pouvoir judiciaire politique.

tion des Anciens, qui adopteraient ou rejeteraient le choix du Président. Mais de même que la nomination n'appartient pas à ce dernier seul, la destitution ne pourrait être prononcée que par la Chambre. Dès lors, les fonctionnaires ne seraient plus dans la main d'un seul homme, prêts à tout, à tout indifférents ; l'administration cesserait d'être une immense machine, qui, dirigée par un misérable, peut se tourner contre la France ; au contraire, on rivaliserait de dévouement à la chose publique, et non de bassesse envers un maître, dont les caprices, les passions décident de l'avenir d'un fonctionnaire, en un mot, on aurait créé une indépendance compatible avec la discipline.

Par cette division des pouvoirs se trouve tempérée la tendance d'une Assemblée unique, qui, à cause même de son unité, est toujours, quoiqu'on fasse, un pouvoir essentiellement destructeur par rapport aux Assemblées qui l'ont précédée, et en même temps créateur, par la manie d'innover ; par là nous faisons place à l'élément conservateur, nous assurons le changement incessant et progressif des institutions politiques, en l'assujettissant à une marche régulière grâce au contrôle d'une seconde assemblée, qui opposera une résistance utile aux entraînements irréfléchis, qui établira une transition toujours nécessaire entre le passé qui s'en va et l'avenir qui se dégage peu à peu du présent

Il n'est donc pas nécessaire que la Chambre des Anciens ait des éléments aussi mobiles que l'autre, et par suite la durée du mandat pourra être portée sans inconvénient à 5 ans, la Chambre se renouvelant tous les ans par cinquième, en ayant soin que deux Anciens du même département ne sortent pas en même temps. Pour être éligibles les candidats devraient justifier de la qualité de Français, être âgés de 35 ans au moins, et avoir deux ans de domicile dans le département qu'ils désirent représenter.

DU POUVOIR EXÉCUTIF

J'ai fait voir la nécessité de le confier à un seul homme; mais de qui tiendra-t-il son mandat? A coup sûr ce ne sera pas du suffrage universel direct, pour les mêmes raisons que les Représentants et les Anciens. Et d'ailleurs nous avons sous les yeux les funestes effets d'un choix où la population a été entraînée, au lendemain des journées de juin, par l'attrait irrésistible d'un nom, qui semblait aux crédules et aux simples la personnification de l'ordre et de la liberté : faiblesse irréparable qui nous coûte tant de sang et sème tant de ruines dans notre belle patrie!

Ce n'est pas non plus aux électeurs nationaux que nous confierons le choix d'un Président, car ce serait lui donner lieu de se croire au-dessus de la Chambre des Représentants, puisqu'il aurait à lui seul autant de suffrages que la majorité; ni aux conseils municipaux, ce qui lui ferait la même position par rapport aux Anciens. Sera-ce les Chambres législatives qui le choisiront? Non, car c'est le placer au-dessous d'elles, et il ne doit pas plus leur être subordonné que supérieur : ce serait amoindrir son prestige, affaiblir son autorité et porter un coup fatal à l'ordre intérieur, qui ne saurait être maintenu qu'avec un chef exerçant une légitime influence.

A qui remettrons-nous donc le droit de nommer le Président de la République? Aux conseillers généraux, qui, par leur réunion, représentent la France entière, et tiennent leur mandat du suffrage universel. En même temps, ils nommeraient un Vice-Président pour le remplacer, s'il venait à mourir avant l'expiration de son mandat, ou en cas d'incapacité ou de destitution prononcée par la Chambre des Anciens. Mais en tout autre circonstance, ce Vice-Président n'aurait aucun pouvoir politique, sa fonction serait de présider les Anciens, parce qu'en donnant cette charge à l'un d'entre eux, on accorderait au département qui l'a nommé une prééminence sur les autres, et alors serait rompue leur égalité devant cette Chambre.

En parlant de celle-ci, j'ai indiqué son rôle administratif, elle sanctionne ou rejette le choix que fait le Président de telle ou telle personne pour remplir une fonction supérieure, militaire ou civile. Ce contrôle s'étend jusqu'aux ministres, qui ne sont plus que les premiers fonctionnaires de l'administration à la tête de laquelle ils sont placés, et qui dès lors ne sont responsables qu'individuellement et de leurs actes personnels, comme tous les autres employés. Il est temps, en effet, qu'on en finisse avec cette responsabilité ministérielle collective, qui n'est qu'une jonglerie, un piège tendu au public, où il a donné tête baissée depuis nos gouvernements constitutionnels, pour arriver en dernier lieu au ministère Ollivier, Daru, Buffet et consorts. Le premier ministère responsable du second Empire s'est modestement nommé un *mini..tère d'honnêtes gens :* et trois ou quatre millions de bonnes gens d'applaudir. Avons-nous donc tous oublié ce que c'est que l'honnête homme? Ne savons-nous plus que c'est celui dont la conduite a pour règle invariable : « ne jamais faire à autrui ce que nous ne voudrions pas qu'autrui nous fît à nous-mêmes, » et celui-là seul est honnête homme qui accomplit rigoureusement ce précepte. Eh bien, le ministère des honnêtes gens y a manqué trois fois. La première, en refusant les monnaies pontificales, après les avoir reçues dans les caisses publiques, ce qui a produit une perte de trois millions que nous avons tous supportée sans indemnité. Et qui donc aurions-nous poursuivi en dommages et intérêts, devant quels tribunaux aurions-nous porté notre plainte, quand la majorité du Corps législatif sanctionnait cette mesure inique? Où était donc la responsabilité ministérielle?

Je passe au second point, la fermeture des cours de l'École de Médecine, à la suite des scènes du cours Tardieu après la mort de Victor Noir. Est-ce que le ministère des honnêtes gens avait perdu le sens moral, pour frapper les étudiants des autres cours, qui n'en pouvaient mais, par une mesure qui arrêtait leurs études; et à qui pouvaient-ils s'adresser quand le Corps législatif applaudissait des deux mains à cette injustice; où était donc la responsabilité ministérielle?

Enfin, quand après l'arrestation de Rochefort, la police, quelquefois sur des mandats en blanc, arrêta nombre de citoyens dont le crime était de n'être point de la racaille bonapartiste, à qui pouvaient en appeler les victimes de ces odieuses poursuites, quand les candidats officiels félicitaient le ministère de sa force et de sa vigilance. Où était donc la responsabilité ministérielle?

Ainsi grâce à cette fiction, le ministère du 2 janvier a commis trois odieuses iniquités, et désormais il ne reste un ministère d'honnêtes gens qu'aux yeux du troupeau qui a vécu à ses crochets ; mais pour les hommes indépendants, c'est un groupe de sycophantes, cachant ses honteuses menées sous le masque du patriotisme.

La responsabilité ministérielle consisterait-elle à faire un voyage en Italie comme le très-honnête Ollivier, ou un petit tour en Angleterre, en Allemagne comme ses dignes acolytes? Et si vous n'êtes pas convaincus qu'en inscrivant la responsabilité ministérielle dans la Constitution on se moque de vous, rappelez-vous le ministère Polignac et consorts qui, par les ordonnances inconstitutionnelles du 25 juillet, amena la révolution de 1830, teinte du sang de milliers de Français. Quelle peine l'a frappé? et quelle peine pouvait le punir de la mort de tant de citoyens? Rappelez-vous le ministère Guizot qui, avec toute sa responsabilité, nous conduit au 24 février 48. Là encore du sang, toujours du sang ! Et quand on cherche la responsabilité, elle s'évanouit comme une ombre.

Ainsi plus de responsabilité ministérielle, mais que le Président seul soit responsable, que seul il réponde de la direction des affaires; et c'est pour avoir une garantie d'une bonne politique qu'on ne lui laisse pas l'entière nomination des principaux fonctionnaires : ministres, ambassadeurs, généraux, amiraux, consuls, etc.....

De même que nous avons donné à la Chambre des Anciens une certaine part administrative, de même le Président doit avoir une certaine action législative ; en d'autres termes les pouvoirs ne doivent pas être séparés par une barrière infranchissable, il faut qu'ils aient entre eux certains points de contact, une action réci-

CHAMBRE DES REPRÉSENTANTS

Cette Chambre est nommée au scrutin de liste avec le suffrage à deux degrés : la représentation ayant pour base la population. Ici se présente une question trés-importante : la Chambre aura-t-elle un grand nombre de membres, ou ne devra-t-on jamais dépasser un chiffre déterminé et peu élevé? En France nous avons un faible pour les assemblées nombreuses : la Constituante de 48 comptait 900 membres, la Législative 750. C'était trop : au delà d'une certaine proportion, le nombre n'est pas une garantie, on a une foule et non pas un corps délibérant ; en multipliant les membres, vous augmentez les passions, les intérêts personnels, les coteries, vous introduisez dans la Chambre, par la nécessité de trouver 7 ou 800 députés, des hommes d'une capacité fort douteuse, vous créez une majorité indécise, composée de membres aux intentions droites, il est vrai, mais sans valeur personnelle, et qui sera toujours à la remorque du parti qui, grâce aux circonstances extérieures, dominera l'Assemblée et qui l'entraînera constamment dans une voie révolutionnaire, n'ayant d'autre issue qu'un 9 thermidor ou une réaction finissant par un 2 décembre. Dans de telles représentations, le juste milieu est inconnu, c'est la masse qui fait nombre, et qui ne suit pas toujours les meilleures raisons, mais ceux qui l'ont le plus frappé, par l'énergie de leurs convictions, la puissance de la parole, ou la fascination d'un grand nom. Enfin le nombre est si peu une garantie que les mêmes assemblées ont sans trop de difficulté, tour à tour proclamé, aboli, rétabli, puis amoindri nos droits, tout en protestant de leur immuable respect pour les immortels principes de 1789. Aussi en portant à 400 le nombre des membres, répartis proportionnellement à la population des départements, on arrive à une représentation plus sérieuse qu'avec une cohue de 7 ou 800 députés.

Une autre question non moins grave est celle de la durée du mandat législatif. Si on la porte à 5 ans, on s'expose à avoir une Chambre dont les membres, au bout de quelques années, ne sont plus en général dans le courant de l'opinion publique ; si le mandat est annuel, biennal, le député n'a pas le temps de se rompre aux affaires, d'apporter un concours utile ; il est à peine arrivé qu'il songe déjà à préparer sa réelection. De plus, le désir, bien légitime d'ailleurs, de montrer, dans des limites aussi restreintes, ses bonnes intentions, peut le porter à une activité inquiète, plus brouillonne qu'heureuse, plus propre à détruire qu'à construire. Aussi le mandat triennal est-il celui que je crois le plus favorable ; et pour que la représentation fût toujours l'expression fidèle des préoccupations générales, le renouvellement se ferait par tiers tous les ans, ce qui donnerait une Chambre aux éléments aussi mobiles que l'opinion publique.

Quant à l'élection, il importe qu'elle se fasse toujours à époque fixe et réglée par la Constitution ; ainsi le vote pour le renouvellement annuel aurait lieu invariablement le premier dimanche d'août par exemple. Enfin, la vérification des pouvoirs ne se ferait plus par les membres intéressés, mais par les membres restants, et l'on n'assisterait plus à la comédie qui nous a été donnée en 1869 par nos honorables validant les élections des Durand, des Du Miral, des Duvernois et consorts, et pratiquant à merveille, et avec une touchante unanimité, ce vers de La Fontaine :

Il se faut entr'aider, c'est la loi de nature.

Quant aux conditions d'éligibilité, elles seraient les mêmes que celles qui sont imposées aux candidats à la Constituante : être Français, jouir de ses droits politiques et avoir au moins 25 ans.

Il me reste à indiquer une attribution spéciale de la Chambre des Représentants : c'est le droit de mettre en accusation les magistrats sans exception, y compris le Président, et de les déférer à la Chambre des Anciens, qui décide politiquement, prononçant seulement la destitution, l'incapacité politique de remplir aucune charge dans le gouvernement républicain, sauf aux tribunaux ordinaires, assistés d'un jury, à poursuivre le condamné, qui sera examiné, jugé et puni selon la loi. On voit que les Anciens ne forment pas une juridiction exceptionnelle, enlevant les accusés à leurs juges naturels, qu'ils n'ont rien de commun avec les hautes cours de justice dont nous ont dotés les Constitutions qui depuis 1789 ont régi la France, et qui ont toujours donné l'exemple de la plus honteuse partialité.

CHAMBRE DES ANCIENS

Après avoir montré la nécessité d'instituer une seconde Chambre législative, il importe d'indiquer son mode de formation. Nous avons vu qu'on ne pouvait en faire nommer les membres par les électeurs nationaux, chargés de choisir les Représentants, sans tomber dans la répétition de la première Chambre.

Pour rester fidèle au principe de ne confier le droit électoral qu'aux plus intelligents du département, désignés par leurs concitoyens, on pourra décider, par exemple, que les Anciens seront nommés par les conseillers municipaux du département et au scrutin de liste. Les deux Chambres auront donc une origine différente tout en dérivant du suffrage universel par l'élection à deux degrés. Mais tandis que les Représentants sont en proportion de la population, les Anciens seraient au nombre fixe de deux par département, ce qui placerait ceux-ci sur le pied de l'égalité dans la seconde Chambre. Ce point n'est pas à négliger : car il importe que des départements populeux et d'intérêts identiques n'entraînent pas le pays dans une voie qui leur est uniquement favorable, et cela grâce à une représentation qui, basée sur la population, leur donne la majorité dans la Chambre; ce qui ne peut manquer sur des questions telles que le libre échange où le Nord et l'Est sont en communauté d'idées et en opposition avec le Midi, et l'on évite ce danger par la constitution de la Chambre des Anciens, où tous les départements sont égaux.

De plus, cette Chambre n'aurait pas seulement un mandat législatif, mais encore la haute main sur l'administration générale du pays. Le Président, au lieu de nommer directement à tous les emplois supérieurs, et de remplir la France de ses créatures, toujours disposées à lui prêter un concours honteux, comme au 2 décembre, aurait à présenter le futur fonctionnaire à l'accepta-

proque. Le Président n'a pas l'initiative des lois, mais un veto suspensif, qui amène une nouvelle discussion de la loi, ainsi que je l'expliquerai dans les attributions du Parlement.

Quant au mandat présidentiel, il durerait 4 ans et ne serait renouvelable qu'après une période de 4 autres années. Cette disposition est nécessaire, elle a pour effet d'empêcher le Président de substituer dans la politique son intérêt particulier à l'intérêt général, en vue de préparer sa réélection ; de plus, le vote ne saurait être complètement libre et indépendant, quand celui qui est dans la balance tient les rênes du pouvoir.

Une autre prérogative importante du pouvoir exécutif c'est de disposer de la force armée. La Constituante de 1848 avait cru parer à tous les dangers en établissant que le Président ne pourrait la commander en personne, mais elle avait compté sans les Saint-Arnaud, les Morny, les Maupas, sans ce « *tas d'hommes perdus de dettes et de crimes* » dont s'était entouré l'illustre neveu du grand homme n° 1. L'Assemblée législative qui suivit, n'ayant aucun contrôle sur l'administration, comme nous en avons donné un aux Anciens, il avait pu remplir toutes les fonctions publiques de ses hideuses créatures, disposées à tout plutôt que de souffrir le régime républicain.

On avait aussi compté sans cette obéissance bestiale imposée au soldat, et qu'ont seuls exigée jusqu'ici les tyrans et les jésuites. Et l'on a dit, on le répète encore à tous les instants, que cette obéissance passive est nécessaire, que le soldat doit n'être qu'un instrument dans la main de son chef. Ici je protesterai de toutes mes forces contre cette doctrine monstrueuse, qui ravale le soldat au-dessous de la brute, et qui n'a jamais profité qu'à ceux qui rêvent l'asservissement de leur patrie. Mais j'entends déjà hurler à mes oreilles que l'armée ne sera plus qu'un foyer d'insubordination, une école de désordre. Oui, si vous abêtissez le soldat pour le faire oppresseur à l'occasion ; non, si vous lui apprenez que l'obéissance est due, mais qu'elle n'est due qu'aux ordres justes et légitimes. Et ils sont justes quand ils sont conformes aux lois, à l'honneur national, à l'intérêt général ; ils sont légitimes quand ils émanent d'une autorité régulièrement constituée ; et ces deux conditions doivent être remplies, sinon l'obéissance doit être absolument refusée. Et si elle avait été entendue de la sorte, aurait-on vu au 18 brumaire une soldatesque bonapartiste renverser la République, pour y substituer un gouvernement plus despotique que celui de Louis XV, qui ne devait pas même avoir la gloire de l'ancienne monarchie, à moins de compter parmi ses exploits les deux invasions de 1812 et de 1815. Voilà un des premiers fruits de l'obéissance passive. Aurions-nous vu encore au 2 décembre l'élite de la nation, pour parler comme Bonaparte, verser en quelques jours plus de sang que l'inquisition en sa longue et sanglante carrière, véritable Saint-Barthélemy de 26,000 patriotes qui ont payé de leur vie leur attachement aux institutions républicaines, immense et lâche assassinat, accompli sous l'égide de l'obéissance passive?

Aurions-nous, sans cette ignoble obéissance, supporté 20 ans le joug honteux de Napoléon III, serions-nous en proie aux malheurs de l'invasion? Non, mille fois non, car c'est elle qui a déchaîné sur nous cet horrible fléau, et c'est encore elle qui aggrave chaque jour nos maux. N'a-t-on pas vu 80,000 hommes à Sedan déposer honteusement les armes par obéissance absolue pour des ordres émanés du criminel du 2 décembre, et si on eût appris à cet immense troupeau, *servum pecus*, à n'exécuter que des ordres *justes*, il aurait suivi l'exemple héroïque de ce régiment de zouaves qui, préférant la mort à la honte, la patrie à l'Empire, a franchi la barrière de fer qui pesait sur toute l'armée. Et quel est donc le misérable qui oserait blâmer ces vaillants soldats d'avoir désobéi? Où est-il donc le défenseur de l'obéissance passive qui ose les condamner? Ceux-là seuls méritent le nom de Français qui n'ont pas obéi à des ordres contraires à l'honneur national, à l'intérêt général. Où sont donc ceux qui oseraient blâmer l'armée de Bazaine si, secouant le joug honteux de l'obéissance aveugle, elle eût refusé de suivre son chef dans cette voie d'ignominie, qui pèsera sur elle autant que sur lui?

Soldats, vous avez conduit votre patrie à deux doigts de sa perte par le 2 décembre; par Sedan et par Metz, vous vous êtes faits les vils instruments du despotisme; il ne vous reste plus, pour vous relever aux yeux des peuples libres, qu'à montrer une intelligence aussi nette des intérêts de la France, que votre dévouement à l'odieuse dynastie des Bonaparte a été aveugle. Mais lorsque les ordres de vos chefs seront conformes aux lois, à l'honneur national, ou a l'intérêt général, la discipline exige de vous le concours le plus énergique, le plus dévoué : car alors vous n'obéissez plus à un homme, mais à votre conscience, à votre Patrie ; c'est alors que la discipline réclame que vous exécutiez les ordres de vos chefs avec l'abnégation la plus absolue.

DU POUVOIR JUDICIAIRE

Nous arrivons à l'organisation du pouvoir judiciaire. J'ai montré dans la division des pouvoirs ce qu'avait de neuf, d'original la Constitution américaine, et j'ai proposé d'implanter en France cette heureuse innovation.

Voyons d'abord l'organisation. A la tête est une Cour suprême, remplaçant la Cour de cassation, et à laquelle on appelle de toutes les décisions où un texte constitutionnel est engagé. Prenons un exemple : Supposons que la Constitution porclame la liberté sans restriction de la presse, et que plus tard les Assemblées, sous l'impression d'un évènement politique, entraînées dans une voie réactionnaire, rétablissent par exemple l'autorisation préalable. Alors si poursuivi pour ne m'être pas conformé à la nouvelle législation, je suis condamné par la première juridiction, je m'adresse à la Cour suprême qui, jugeant au point de vue de la Constitution, loi fondamentale du pays, décide en ma faveur, la loi particulière étant inconstitutionnelle. Il faudrait donc tout d'abord que la Constitution fût transformée, et j'indiquerai plus loin comment elle est amendée.

Là ne se bornerait pas le rôle de cette Cour : elle connaîtrait en dernier ressort de toutes les affaires, jugeant tout à la fois la forme et le fonds ; cè qui peut, il est vrai, déranger les petits préjugés d'hommes graves qui du haut de leur suffisance décideront souverainement, et aussi justement que par le passé, qu'une telle organisation est absurde. Ceci est plus tôt dit que prouvé, et à cet égard l'opinion de M. Laboulaye, professeur de législation comparée au Collége de France, ne sera pas sans importance :

« Les Américains, dit-il, n'ont jamais eu l'idée d'établir une Cour de cassation qui ne s'occupât pas des affaires en elles-mêmes, et décidât seulement du point de droit. Ils ont, au contraire, réuni le droit de juger en cassation et en appel. Ce sont deux procédures très-distinctes : dans l'une on juge le point de droit, dans l'autre on juge l'espèce ; mais les juges ne sont pas différents.

» Quand la Cour fédérale juge le point de droit, elle suit un système qui abrège singnlièrement la procédure de cassation et que, ce me semble, nous pourrions imiter. Lorsque, par exemple, le tribunal de première instance a jugé dans le sens constitutionnel, et que la Cour d'appel a jugé contrairement à la constitution, la Cour fédérale casse l'arrêt de la Cour d'appel ; mais comme la cause a été déjà jugée une première fois, elle annule l'arrêt qui empêche l'exécution du premier jugement, et c'est ce jugement qui sort effet.

» En France, si un tribunal a jugé conformément à la loi, si la Cour d'appel a jugé contrairement à la loi, la Cour de cassation casse, et renvoie devant une autre Cour. En Amérique, elle annule l'appel, et c'est le premier jugement qui prévaut. Tel est ce système qui a pour lui la simplicité et la brièveté. »

Au-dessous de la Cour suprême sont les Cours d'appel ; leur compétence est à peu près la même que celle des cours actuelles de même nom.

Passons à la nomination des juges. Seront-ils électifs ? Leurs fonctions sont trop délicates pour qu'ils puissent décemment mendier les suffrages de ceux qu'ils auront à juger le lendemain de leur élection. Qui peut affirmer que les ardeurs de la lutte électorale ne se retrouveront pas au fond de toutes les décisions du magistrat, et que la balance ne penchera pas du côté du parti qui l'aura nommé? Il rendra des services et non des arrêts et sur toutes ses sentences planera un soupçon de partialité qui jettera le trouble dans les consciences : le temple de la Justice ne sera plus que l'antre de la Discorde.

C'est ici surtout qu'est indispensable l'intervention de la Chambre des Anciens dans la nomination des hauts fonctionnaires, et alors leur contrôle donnera au juge un caractère d'indépendance, qu'il n'a jamais eu depuis qu'il est dans la main exclusive du pouvoir exécutif : donnant des avis qui sont toujours des ordres, traçant une ligne de conduite dont l'inamovible magistrat se gardait bien de s'écarter, pour mériter de son maître honneurs et richesses. Il n'était plus que l'âme damnée d'une politique qui s'acharne à tel ou tel parti.

La magistrature inamovible n'a jamais été impartiale, parce qu'on l'a toujours mise entre l'intérêt général, qui exige l'intégrité la plus absolue, et son intérêt particulier, qui lui imposait l'obligation de ménager les susceptibilités d'un pouvoir qui pouvait tout pour elle.

L'inamovibilité telle qu'elle a été entendue jusqu'ici ne suffit pas, les juges ne pouvant être révoqués que pour forfaiture. La République doit exiger davantage des magistrats, il faut que la Constitution décide que les juges seront maintenus dans leurs fonctions tant que leur vie sera irréprochable. Il ne faut pas qu'un homme qui serait convaincu d'être mauvais père, mauvais époux, de passions honteuses, souille de sa présence un tribunal français. D'ailleurs toutes les garanties possibles le protègent, puisqu'il ne peut être destitué que par la Chambre des Anciens après mise en accusation par celle des Représentants.

Enfin, au-dessous des cours d'appel viennent les tribunaux d'arrondissement et les justices de paix dont les membres seront choisis, comme je l'indique à l'article Décentralisation. Mais en même temps sont supprimées les juridictions administratives : conseils de préfecture, conseil d'État ; et les tribunaux ordinaires connaissent des affaires qui leur étaient déférées. La création des tribunaux d'exception a toujours été l'œuvre de prédilection d'un gouvernement vermoulu, se faisant juger par ses créatures, grassement payées, qui lui donnaient gain de cause avec un ensemble remarquable, à l'exception de quelques petits cas bien calculés, rompant agréablement la trop uniforme succession de denis de justice, que ces juridictions exceptionnelles se permettaient avec autorisation supérieure, voire même sur commandement. Enfin la Cour suprême serait saisie immédiatement de toutes les actions où l'une des parties serait le département, pour que la partie adverse n'eût pas lieu de croire que la justice locale avait cédé à des suggestions intéressées.

DÉCENTRALISATION

Je passe immédiatement à cette importante question, parce qu'une fois bien éclaircie, il nous sera plus facile de déterminer les attributions du Parlement français.

Pour décentraliser sérieusement, la première condition est de laisser au département et à la commune la direction souveraine de leurs intérêts locaux, et pour cela une nouvelle organisation administrative est nécessaire. Tout d'abord le gouvernement général doit cesser de nous expédier nos préfets, nos juges, nos ingénieurs, et ainsi des autres fonctions ayant trait à des affaires purement locales; il doit nous croire désormais assez intelligents pour choisir des magistrats aussi intègres, aussi soucieux de nos intérêts que tous ceux que nous ont imposés les gouvernements passés, sinon la République ne différerait de l'Empire que pour s'être donné plusieurs maîtres au lieu d'un.

De plus, la province ne peut sortir de son indifférence pour tout ce qui est administration et politique qu'à la condition de voir ses conseils municipaux et généraux traiter d'autres questions que le nom à donner à une rue, et faire autre chose qu'émettre des vœux et voter des adresses de félicitations à des ministres éhontés : d'où la nécessité de donner aux assemblées locales de très-larges attributions.

D'ailleurs, si on veut un gouvernement libéral, il ne suffit pas que les institutions générales le soient, il faut encore que par la pratique journalière des libertés politiques, par une ingérence constante dans l'administration communale et départementale, par la disposition de leurs intérêts locaux, les électeurs se pénètrent sans cesse de leurs droits et de leurs devoirs. Mais si éloignés des affaires politiques on ne les appelle que de loin en loin à donner leur adhésion à l'œuvre de leurs délégués, ils se désintéresseront bientôt de tout contrôle, et la direction générale appartiendra constamment au même parti, dont les fautes s'entasseront les unes sur les autres pour aboutir à une révolution qui remettra tout en question.

Examinons d'abord l'organisation administrative. A la tête du département est un préfet dont la nomination n'appartient plus au pouvoir exécutif, mais aux électeurs nationaux, qui auront tout intérêt à choisir dans le département l'homme le plus capable de mener à bien leurs affaires. On ne sera plus condamné à se voir administré par un personnage ayant fait ses preuves dans l'antichambre de M. le marquis de Carabas, ou dans le salon de quelque comtesse d'Escarbagnas ; on ne sera désormais à la tête d'un département qu'à la condition de s'être signalé par une haute intelligence des affaires publiques : le règne du favoritisme aura cessé et alors commencera celui du mérite.

Si on n'est pas suffisamment édifié sur l'impérieuse nécessité d'enlever au pouvoir exécutif le choix des préfets, je me bornerai à reproduire la circulaire suivante de M. de Persigny, alors ministre de l'intérieur :

Monsieur le Préfet,

Par une circulaire en date du 6 juin 1859, mon prédécesseur, M. le duc de Padoue, vous a prescrit les mesures que vous auriez à prendre dans le cas où un événement grave et imprévu amènerait la transmission du pouvoir au Prince Impérial sous le nom de Napoléon IV. En vous confirmant ces instructions dont je vous envoie copie, je crois devoir les compléter par les dispositions suivantes :

Aussitôt après la réception de cette lettre, vous établirez une liste de tous les hommes dangereux, quelles que soient leurs opinions et leur position sociale.

Après avoir étudié avec soin cette liste, vous y désignerez les hommes qui, ayant une valeur quelconque, soit pour la délibération, soit pour l'action, pourraient, à un moment donné, se faire le centre d'une résistance, ou se mettre à la tête d'une insurrection.

Vous formulerez personnellement, et vous signerez les mandats d'arrêt pour chacun des hommes annotés par vous sur votre liste, afin que, au premier ordre qui serait donné, leur arrestation soit opérée simultanément et sans perdre une minute.

Vous me donnerez communication de la liste dressée par vous.

Tous les mois vous réviserez cette liste, ainsi que les mandats d'arrêt qui s'y rapportent.

Recevez, Monsieur, etc.

DE PERSIGNY.

Le département devant être autant que possible constitué à l'image de l'État, le préfet serait assisté de deux assemblées délibérantes : un grand et un petit conseil, nommés, le premier par le suffrage universel direct, l'autre par le suffrage à deux degrés. Le premier ne serait autre que le conseil général, où chaque canton envoie un membre ; le second serait formé de membres envoyés par les électeurs nationaux, à raison de trois par arrondissement, et au scrutin de liste.

Les avantages de deux Chambres délibérantes ont été suffisamment développés dans la division des pouvoirs, et ici l'établissement des deux conseils se justifie par les attributions accordées au département qui, ayant désormais la direction absolue de ses intérêts locaux, ne peut, sans danger, être abandonné aux agissements d'une seule assemblée.

Mais en même temps, plus de sous-préfectures : car nous faisons une guerre impitoyable aux sinécures, cette plaie des gouvernements monarchiques, toujours en quête de nouveaux emplois, pour agrandir sans cesse le cercle de leurs défenseurs. Il va sans dire que le conseil d'arrondissement disparaît aussi ; son inutilité est trop évidente pour qu'on s'y arrête.

La durée des mandats serait de 4 ans pour le préfet, de 3 ans pour les membres du grand conseil, et de 5 pour ceux du petit ; le renouvellement serait assujetti aux mêmes règles que les Assemblées nationales. Je ne m'appesantirai donc pas sur ce sujet, il suffira de se reporter aux chapitres précédents, pour connaître les raisons de cette organisation.

Quant aux conseils municipaux, ils seraient élus comme par le passé, au scrutin de liste ; mais ne seraient pas électeurs ceux qui au moment du vote seraient occupés à des travaux entrepris par la municipalité. Cette mesure a pour effet d'éloigner des gens dont le vote est influencé par l'intérêt personnel, et qui peuvent fausser la représentation locale, en y maintenant, par leurs voix, des conseillers que l'opinion publique désire remplacer. De plus, le mandat serait de trois ans seulement, et le renouvellement se ferait par tiers : le tout pour obtenir une municipalité toujours en harmonie avec la population.

Mais pour que le public puisse juger de la valeur de ses élus, de leur capacité à remplir le mandat qu'ils ont brigué, il y a deux cónditions indispensables : le compte-rendu des séances et leur publicité. Que les conseillers municipaux et généraux du second Empire aient rougi de se trouver en communication directe avec leurs électeurs, cela se comprend pour plusieurs raisons, dont les principales sont l'incapacité notoire de l'immense majorité des susdits conseillers, leur humble attitude de suppliants vis-à-vis de l'autorité d'alors, leurs fades et plates adulations : toutes choses dont on était bien obligé de se cacher, de là le mystère dont s'entouraient les nullités et les laquais du second Empire.

Aujourd'hui le voile doit tomber : il n'y a plus de demi-dieux pour personne, le règne des sots, des adulateurs et des fourbes doit finir. Aussi le public a-t-il le droit d'exiger que les délibérations de ses délégués soient portées à sa connaissance pour pouvoir sérieusement leur accorder ou leur refuser ses suffrages au cas de renouvellement. La publication mettra ceux qui ne pourront assister en personne à même de juger aussi exactement que possible, de la valeur des conseillers ; et alors seulement la commune et le département seront représentés d'une manière intelligente.

Voilà pour les principaux traits de l'organisation administrative ; passons à celle de la magistrature judiciaire. J'ai indiqué plus haut la nomination des juges de la Cour suprême et des tribunaux d'appel ; j'arrive aux tribunaux d'arrondissement et aux justices de paix. Ici le préfet et les deux conseils joueront le même rôle que le Président de la République et les deux Chambres : le préfet présentera au petit conseil le futur magistrat, en faisant valoir ses droits ; le petit conseil appréciera, approuvant ou rejetant le choix du préfet. Il en sera de même pour les fonctionnaires dont le choix n'aura pas été laissé aux administrations municipales ; la destitution ne pourra être prononcée que par ceux dont le concours est nécessaire pour la nomination, ce qui assure l'indépendance, avec tous les avantages dont j'ai déjà parlé.

J'ai indiqué dans ma profession de foi les quatre points sur lesquels devait porter la décentralisation : assiette de l'impôt, cultes, instruction, travaux publics. Jusqu'ici l'assiette de l'impôt a été abandonnée au gouvernement général, qui, se préoc-

cupant plus de la rapidité de la perception que d'une bonne ré-
partition des charges publiques, a créé des impôts onéreux,
vexatoires, grevant certaines industries, tel ou tel commerce,
retombant toujours, en définitive, plus lourdement sur celui qui
a le moins, effleurant doucement la richesse oisive.

Nul mieux que le conseil municipal n'est à même de connaître
par quels voies et moyens, la commune peut se procurer les res-
sources dont elle a besoin, ainsi que la part de contributions qui
lui est imposée par le département et l'État. Dès lors il dépendra
des électeurs de faire disparaître toutes les inégalités devant l'impôt que consacre le système actuel, quoique notre grande Révolution ait été faite pour la question financière, et qu'elle ait proclamé que tout citoyen devait contribuer aux charges politiques,
selon ses moyens. Or, est-ce là le but que l'on atteint avec l'organisation actuelle? Bien loin de là, on semble avoir multiplié les
moyens de n'y jamais arriver : on a créé l'impôt des patentes
sur celui qui travaille, et fait de l'oisiveté la condition naturelle
de l'homme, puisque le travail doit payer tribut pour s'exercer
librement. Si donc il convient aux commerçants et aux industriels de subir cet inique impôt, les municipalités le conserve-
ront; mais, au cas contraire, ils imposeront aux conseillers
l'obligation d'y apporter remède par une disposition plus équita-
ble et plus morale.

De même pour les portes et fenêtres : on peut s'être proposé
de faire payer au riche oisif le luxe de sa maison, mais la même
mesure n'atteint-elle pas l'artisan laborieux dans la même proportion, si ce n'est plus parfois. Vit-on jamais un système aussi
absurde qui condamne l'ouvrier à n'habiter que des taudis in-
fects, où l'air et la lumière pénètrent timidement?

Je ne parlerai que fort peu des impôts indirects si odieux au
public, qui pèsent directement sur la consommation, sans égard
pour la qualité, et qui condamnent l'ouvrier à ne consommer
que des produits frelatés ou des denrées malsaines. Quels sont
ceux, en définitive, qui grossissent les recettes de l'octroi ? Ceux-
là qui, à la sueur de leur front, dans des professions souvent
meurtrières, gagnent à grand'peine 4 ou 5 fr. par jour. Et ce sont
ces mêmes citoyens qui, par les droits indirects sur les denrées
alimentaires, les boissons et autres choses indispensables à la vie,

fournissent aux embellissements dont ils ne profitent presque jamais, aux dépenses fastueuses, mais inutiles, aux traitements de toute l'armée de fonctionnaires qui nous étreint, tandis qu'on lésine pour donner à leurs enfants une instruction solide, ou assurer à leur vieillesse un repos honoré.

De pareils abus existeraient-ils, si les conseils municipanx disposaient de l'assiette de l'impôt? On peut répondre hardiment que non, et c'est ce qu'on redoute le plus. La richesse oisive craint par-dessus tout de contribuer aux dépenses comme l'exige sa situation, elle égare les masses ignorantes sur leurs véritables intérêts, et par le suffrage universel direct, elle leur fait nommer des candidats de son bord, qui se gardent bien de décentraliser, comme je l'indique. C'est donc à vous, industriels et commerçants, à réagir contre cette influence pernicieuse, en ne cherchant que dans vos rangs vos mandataires. Combien de temps encore nous laisserons-nous éblouir par M. le comte X. M. le marquis Y, M. Z., qui n'a d'autre mérite que de posséder de bonnes rentes? Comprendrons-nous enfin que pour voir nos intérêts défendus, il faut en confier le soin à des hommes ayant les mêmes intérêts que nous? Ne mettons donc plus notre gloire à envoyer aux Chambres, aux Conseils généraux ou municipaux, nos anciens seigneurs, les enrichis de la finance, et laissant de côté toute basse envie, toute sotte jalousie, tout dénigrement systématique, prenons dans nos rangs nos délégués.

J'aborde la question des cultes.

Jusqu'ici l'État s'est arrogé le droit de ne reconnaître en France que quatre cultes; cette prétention est absolument contraire à la liberté; elle empêche la manifestation extérieure d'un culte nouveau; elle porte atteinte à laliberté de conscience, en obligeant le croyant de renoncer à la propagande, le premier besoin de tout homme qui se croit en possession de la vérité.

Il ne suffit pas que tous les cultes soient libres, il faut encore que les fidèles de chacun contribuent seuls aux dépenses qu'il entraîne; il est souverainement injuste, par exemple, de puiser dans la bourse de l'indifférent pour célébrer avec pompe les cérémonies du catholique, pour aider les successeurs des apôtres à mener un train de vie, à s'entourer d'un appareil que ne connaissaient pas (ou je me trompe fort) les premiers évêques, gens simples, qui font sans doute hausser les épaules à leurs successeurs, mais que nul, pas même l'incrédule, ne saurait taxer de charlatanisme, puisqu'ils s'attachaient à mettre en actions leurs propres doctrines, au rebours aujourd'hui.

En vertu du droit d'association, de celui de réunion, les fidèles pourront s'entendre et se cotiser, sans mettre autrui à contribution pour subvenir aux dépenses qu'entraînera l'exercice de leur religion. C'est ainsi qne les choses se passent en Amérique et grâce à cette complète liberté, ce pays voit fleurir en paix nombre de cultes, dont les ministres sont honorés de tous.

On voit par ce qui précède que l'assiette de l'impôt est une question essentiellement communale, et que l'exercice d'un culte, le salaire des ministres, leur choix ne doit dépendre que de la conscience individuelle, de l'association libre, spontanée des fidèles; en d'autres termes, l'État ni la commune ne doit intervenir. Il n'en est pas de même en ce qui concerne l'instruction et les travaux publics; ils intéressent par leur nature ou un groupe de citoyens, ou l'immense majorité.

Voyons d'abord l'instruction qui doit être gratuite à tous les degrés et obligatoire au premier. Pour obtenir la gratuité, il ne sera pas nécessaire d'augmenter les charges des contribuables, il suffira d'en disposer plus sagement. Si nous considérons les économies qui peuvent se faire dans toutes les administrations rien que par la forte réduction des traitements énormes que des consciences avilies par l'empire pouvaient seules accepter, comme prix de leurs prétendus services, par la suppression de toutes les sinécures, et vous savez si elles sont nombreuses, que de millions disponibles! Le budget des cultes à lui seul nous en donne 60. De plus, par la gratuité à tous les degrés, nous mettons un frein à cette avidité éhontée qui pousse vers les emplois publics tant de gensqui ne rougissent pas de toucher des dizaines de mille francs sous le prétexte que leurs études leur ont coûté des sommes fabuleuses. Désormais elle ne coûteraient rien, et l'Etat, en favorisant le développement de toutes les capacités que la pénurie maintient dans l'ombre, ne ferait pas des hautes fonctions l'apanage exclusif d'une bourgeoisie qui, après s'être enrichie, veut encore voir ses fils s'abattre sur le budget auquel contribuent surtout les classes laborieuses.

Place donc à tous; donnons au fils de l'ouvrier les moyens de faire profiter l'Etat de ses talents ; qu'il ne soit plus condamné à prendre une profession manuelle, s'il peut se rendre plus utile dans une autre sphère, mais qu'alors l'instruction soit complétement gratuite, pour que ses aptitudes soient signalées et cultivées.

Seule l'instruction primaire doit être obligatoire, parce qu'il n'y a qu'elle qui ne dépasse pas le niveau ordinaire des intelligences. On s'est beaucoup élevé contre l'obligation; on a crié à la contrainte; on a protesté au nom de la liberté individuelle ; eh bien ! c'est au nom de cette même liberté que je demande l'obligation. Mais commençons par définir les mots, ou nous ne nous entendrons jamais. L'ordre et la liberté, voilà deux mots que l'on jette à tous les vents, que répètent sans cesse la tribune, le journal et le livre, mots sonores que chacun interprète à sa façon et que nul ne définit.

Qu'est-ce donc que la liberté ? J'ai toujours cru, jusqu'à preuve du contraire, que c'était le pouvoir de faire tout ce qui ne nuit pas à autrui. Qu'est-ce que l'ordre ? C'est l'exercice de cette liberté. Si vous allez au-delà, vous tombez dans la licence; si vous restez en deçà, vous n'êtes pas des hommes libres ; vous êtes sous un despotisme qui oscille entre la tyrannie orientale et le pouvoir personnel.

Ainsi toutes les manifestations de l'activité humaine; s'associer, se réunir, penser, parler, prier, travailler, rien ne peut être réglementé ; et ce n'est que lorsqu'on s'écarte de cette formule : — Ne jamais nuire à autrui — que l'ordre est troublé. C'est alors seulement que le législateur édicte des peines pour punir les délits et les crimes nés de l'abus; c'est ainsi que par delà l'Océan, 30 millions d'hommes, nous donnent l'exemple d'un peuple en possession de toutes les libertés.

Ceci posé, je reviens à l'instruction obligatoire en disant aux partisans de la gratuité seule : « Vous criez à la contrainte quand je prends un fils à son père pour vous rendre un jour un citoyen sachant lire et écrire, capable de faire ses affaires plus habilement que s'il était resté ignorant et qui, par suite, dans sa petite sphère et selon ses moyens, contribuera d'autant plus au mouvement industriel et commercial de son époque et, par conséquent, au bien-être général, que son intelligence sera mieux cultivée ; nous aurons fait profiter le pays de toutes les aptitudes qu'une organisation défectueuse tenait cachées. Ainsi repousser l'obligation c'est anéantir tous ces avantages, dont l'enfant profitera plus tard, dont la société recueillera les fruits; c'est donner au père le droit de nuire à son fils et à ses concitoyens, et toujours au nom de la liberté. »

Je n'ose rappeler ici les observations de ceux qui, sous prétexte d'intérêt matériel, allèguent que le père a besoin de son enfant. Eh quoi ! son fils serait donc sa chose comme l'esclave antique, comme le cheval de son écurie? Ai-je besoin d'insister pour montrer que l'intérêt bien entendu du père est de faire de son fils un homme intelligent, et que deux années de plus passées sur les bancs de l'école lui vaudront un jour plus d'argent que deux années d'un apprentissage prématuré; et quand un père n'a pas le sentiment des véritables intérêts de son fils, n'est-ce pas à la loi, à la société, à faire respecter les droits des enfants contre l'égoïsme des parents?

Ici nous arrivons à la pénalité : On s'est dit: comment rendre l'enseignement obligatoire? La chose est simple. Supposons que la loi exige que l'enfant appartienne à une école jusqu'à 14 ans; il ne se présente que deux cas : ou l'enfant travaille dans l'atelier de son père, ou celui-ci, simple ouvrier, l'a confié à un industriel, par exemple. Dans le premier cas, le père est assez riche pour payer une amende de 25 fr.; dans le second, c'est l'industriel qui est frappé pour avoir admis chez lui un enfant qui n'a pas rempli les conditions exigées par la loi. De toute façon vous punissez cet égoïsme honteux, qui transforme l'enfant en agent mécanique, arrêtant son développement physique, abaissant son intelligence, pour jeter ensuite dans le sein de la société des êtres étiolés, des consciences avilies, des cœurs ulcérés prêts à la vengeance et au crime, sous la pression de la faim, de la misère et de l'excès du travail.

Je ne dirai que quelques mots sur la nature de l'enseignement. Au premier plan je place l'histoire de son pays, surtout depuis la Renaissance jusqu'à nos jours, au lieu de l'inextricable chaos des monarchies Assyrienne ou Babylonienne, passant très légèrement sur Rome et la Grèce. Peut-être que pour les hautes intelligences, qui depuis 70 ans ont décidé de notre sort, ces peuples ont eu sur la Révolution française une influence que nous autres, simples mortels, ne pouvons même pas soupçonner; mais dussé-je n'être qu'un homme grossier, je préfère l'histoire de ceux qui ont bien mérité de l'humanité par leurs découvertes et leurs œuvres littéraires, morales ou philosophiques, à celle des despotes sanguinaires, fussent-ils des Alexandre ou des César.

Un des besoins de notre époque c'est l'enseignement industriel, conséquence des progrès scientifiques qui, depuis près d'un siècle, transforment successivement toutes les industries et en créent de nouvelles. Les écoles d'arts et métiers répondirent d'abord aux premières nécessités, mais elles laissaient de côté la masse de ceux que leurs aptitudes entraînaient vers les carrières professionnelles. Or, il importe de donner une bonne direction aux recherches patientes, laborieuses de l'ouvrier, de ne le point laisser s'égarer à la poursuite de problèmes insolubles, et on peut atteindre ce but en généralisant l'enseignement spécial. Son rôle est de répandre les éléments des sciences physiques et naturelles, les principes des sciences mathématiques, en un mot de donner un ensemble de connaissances qui permettra au travailleur de suivre le mouvement progressif de son industrie, d'y aider même, et on peut espérer que ses efforts ne seront pas les moins féconds.

D'ailleurs il appartiendra à chaque ville de donner un enseignement solide, en rapport avec les besoins de la population, et non cette instruction de luxe qui ne s'adresse qu'à ceux qui courent les fonctions publiques, ou cette dérisoire instruction primaire dont la base est le catéchisme et l'histoire du petit peuple hébreu; le tout pour faire des citoyens dignes de 89 et éclairés sur leurs droits et leurs devoirs.

Au département revient la création d'écoles d'intérêt plus général, telles que : écoles normales, industrielles, d'agriculture, etc., etc; le tout recevant son programme, son organisation du préfet et des deux conseils, et non de Paris, comme l'a toujours voulu la routine administrative, trop souvent appuyée par le personnel.

Il me reste à parler des travaux publics. Les uns ont un intérêt purement local, les autres peuvent intéresser un ou plusieurs départements ou même la France entière. Dans l'un et l'autre cas, il est bien certain que l'équité la plus rigoureuse exige que les dépenses ne retombent que sur les intéressés à l'exécution des susdits travaux; qu'aucune localité ne doit verser un denier pour des ouvrages dont elle ne profite point et, dès lors, les villes ou départements sont libres d'engager comme ils l'entendent leur avenir pour subvenir aux frais sans recourir, comme par le passé, à l'autorisation du gouvernement général qui doit être définitivement exclu des affaires locales. Quelles seront donc les garanties des électeurs contre des dépenses inutiles? Leur propre choix ; il dépendra d'eux désormais que tout aille bien, par des élections intelligentes, ne confiant la gestion des deniers publics qu'à des hommes d'une probité incontestable, d'un talent réel, sans regarder s'ils s'appellent Jacques ou Gros-Jean. Ce sera le plus sérieux apprentissage de la vie politique, s'exerçant dans une sphère qui ne dépasse pas en général l'intelligence ordinaire, et une préparation à mieux choisir à l'avenir les membres des Assemblées nationales.

De cette organisation locale, résulte une transformation correspondante de l'administration supérieure : désormais plus de ministère des cultes, il disparaît complétement. Le ministère des finances n'a plus dans sa direction cette armée de receveurs généraux et particuliers, contrôleurs, percepteurs....; il dépend des Communes d'employer tel mode de perception qui bon leur semble, et tout porte à croire que ce sera le plus économique possible au grand regret des inutiles, mais à la satisfaction unanime des contribuables. L'instruction publique et les travaux publics seront représentés par deux directions adjointes au ministère de l'intérieur et ayant dans leurs attributions, l'une les grands établissements scientifiques et littéraires, tels qu'observatoire, académies, écoles supérieures, etc., l'autre les travaux qui intéressent toute la France, en un mot tout ce qui a un caractère d'utilité générale.

Des nombreux ministères créés par les gouvernements monarchiques, il ne restera donc que le ministère des affaires étrangères, celui de l'intérieur et ceux de la guerre et de la marine avec les colonies.

ATTRIBUTIONS DU PARLEMENT

Sous le nom de Parlement, je comprends les deux Chambres législatives. Après avoit fait la part de la décentralisation, on voit aisément dans quelle sphère il doit se mouvoir. A lui la direction exclusive des intérêts généraux, c'est-à-dire-intéressant la France entière et auxquels se borne sa compétence sous peine d'empiéter sur les libertés départementales et communales qui, nettement formulées dans la Constitution, seront défendues par le Pouvoir judiciaire. Sans le Parlement on ne peut définitivement conclure la paix, ni déclarer la guerre, faire des traités de commerce, établir des tarifs postaux ou douaniers, des conventions monétaires internationales, ni les modifier. Il détermine l'organisation des armées de terre et de mer, appelle au besoin la garde nationale sous les armes pour faire exécuter les lois ou repousser les invasions.

L'initiative des lois appartient aux seuls membres du Parlement : lorsqu'une loi aura été adoptée par les deux Chambres, elle devra être présentée au président de la République. Dans le cas où il ne l'approuverait pas, il la renverrait avec ses objections à la Chambre où elle a été proposée tout d'abord, et alors recommencerait la discussion. Si, après ce nouvel examen, les deux tiers des membres votent la loi, elle est renvoyée devant l'autre chambre avec les observations présidentielles, et si les deux tiers de ses membres l'adoptent, elle a force de loi. La même marche sera suivie pour toute résolution qui exige le concours des deux Chambres, quand le président l'aura repoussée. On voit quel est l'effet de son *veto* suspensif, et dans quelle mesure il intervient dans la confection des lois. Si donc, par cette disposition, une loi adoptée à la première discussion, était abandonnée à la seconde, ce ne serait qu'un retard d'une année tout au plus, puisque par

le renouvellement partiel des Assemblées, les électeurs manifes-
teraient l'opinion publique.

Une question capitale est celle des amendements à la Constitution. L'initiative appartient à tous les membres comme pour les
lois ordinaires, mais il ne suffit pas que le présideut et le Parlement les adoptent, pour que la Constitution soit modifiée. De
pareilles transformations sont trop graves pour que le pacte
fondamental qui lie le peuple et ses délégués se modifie au gré
de ces derniers, sans tenir compte de la volonté populaire. En
conséquence, quand un amendement constitutionnel a été adopté
par le président et le Parlement, il est renvoyé devant les deux
Conseils de chaque département, qui l'examinent, le discutent,
l'approuvent ou le rejettent, et si l'amendement a eu pour lui
non pas les deux tiers des voix de chaque conseil en particulier,
ni les deux tiers des conseils, mais les deux tiers du nombre total
des conseillers de toute la France, il est adopté. De la sorte la
constitution ne se modifie plus au gré des législateurs qui, sous
la pression des événements politiques sont parfois tentés de
retourner en arrière, comme nous l'avons trop éprouvé.

Enfin je terminerai par une question de la plus haute importance: où siégera le Parlement? Jusqu'ici Paris a été le siége
exclusif du gouvernement. Placés dans un milieu d'autant plus
impressionnable que les éléments en sont plus divers et plus nombreux, exposés aux violences qui suivent toujours les émotions
populaires, si fréquentes dans les grandes villes, les députés
sont-ils vraiment libres quand ils sont dans la main de 500,000
électeurs? En tournant ses regards vers le passé, on peut dire
sans crainte de se tromper, que les assemblées au sein des grandes
villes seront le jouet d'une population aveuglée par la passion
politique, mais souvent aussi surexcitée par l'incapacité,
l'imprévoyance ou l'impopularité des membres de ces assemblées. Les exemples en sont trop nombreux pour les passer
tous en revue, je m'arrêterai seulement à l'insurrection du
31 mai 1793, et à la manifestation du 15 mai 1848. Dans la
première, la volonté populaire l'a emporté, mais la seconde a eu
pour effet le triomphe de la réaction, parce que les membres de
la Constituante n'ont pas eu assez de grandeur d'âme pour oublier
l'injure et suivre le courant populaire dans ses généreuses

aspirations. Peut-être que, produite dans des conditions pacifiques, la manifestation en faveur de la Pologne aurait entraîné
l'Assemblée; la France eût alors promené le drapeau républicain
dans l'Europe, au moment où les peuples se levaient contre la
monarchie. Mais pour ne les avoir point secondés, pour les avoir
laissé retomber sous la main d'un maître, nous avons aujourd'hui
à lutter contre une monarchie, qui combat moins la France que
la République, tandis que les gouvernements de l'Europe suivent
avec joie la décadence d'un gouvernement qui leur est odieux.
Le peuple de Paris, dans son sublime instinct, avait senti que sa
cause se débattait dans toute l'Europe : seuls les constituants de
1848 ne voulurent point suivre ses vues élevées et nous en por-
tons la peine Je n'en dirai pas davantage sur le 15 mai dont les
incidents sont assez connus, et je passe au récit des événements
qui amenèrent la proscription des Girondins.

« La générale et le tocsin se firent entendre toute la nuit du
samedi au dimanche matin 2 juin 1793. Le canon d'alarme
gronda, et toute la population de Paris fut en armes dès la pointe
du jour. Près de quatre-vingt mille hommes étaient rangés
autour de la Convention, mais plus de soixante-quinze mille
ne prenaient aucune part à l'événement, et se contentaient d'y
assister l'arme au bras. Quelques bataillons dévoués de canonniers étaient rangés sous le commandement de Henriot, autour
du Palais-National. Ils avaient cent soixante-trois bouches à feu,
des caissons, des grils à rougir les boulets, des mèches allumées,
et tout l'appareil militaire capable d'imposer aux imaginations.
Dès le matin, on avait fait rentrer dans Paris les bataillons dont
le départ pour la Vendée avait été retardé ; on les avait irrités en
leur persuadant qu'on venait de découvrir des complots dont les
chefs étaient dans la Convention, et qu'il fallait les en arracher.
On assure qu'à ces raisons on ajouta des assignats de cent sous.
Ces bataillons ainsi entraînés marchèrent des Champs-Elysées à
la Madeleine, de la Madeleine au boulevard, et du boulevard au
Carrousel, prêts à exécuter ce que les conjurés voudraient leur
prescrire.

Ainsi la Convention cernée à peine par quelques mille forcenés,
semblait assiégée par 80,000 hommes. Mais quoiqu'elle ne fût
pas réellement assiégée, elle n'en courait pas moins de dangers,

car les quelques mille hommes qui l'entouraient étaient disposés à se livrer contre elle à tous les excès. » (*Thiers, histoire de la Révolution.)*

A peine la séance est-elle ouverte que Lanjuinais demande la parole ; il est bientôt violemment interrompu, et plusieurs Montagnards se précipitent à la tribune pour l'en arracher. Il résiste, le tumulte est à son comble, et quand un peu de calme a succédé, les pétitionnaires de la Commune viennent déclarer : « que les citoyens de Paris n'ont point quitté les armes depuis 4 jours. Depuis quatre jours, ils réclament auprès de leurs mandataires leurs droits indignement violés, et depuis quatre jours leurs mandataires se rient de leur calme et de leur inaction..... Il faut qu'on mette les conspirateurs en état d'arrestation provisoire, il faut qu'on sauve le peuple sur le champ, ou il va se sauver lui-même. »

A cette sommation insolente, la Convention répond en votant l'ordre du jour. Aussitôt les pétitionnaires sortent en proférant des menaces ; les tribunes se vident en même temps, et bientôt on entend crier au dehors : « Aux armes ! aux armes ! »

Pour arrêter l'émotion populaire, et sur la proposition de Barrère, les principaux Girondins renoncent à leurs fonctions, quand le montagnard Lacroix entre en criant que la Convention n'est plus libre, et quoique ennemi acharné des Girondins, il est indigné de l'audace de la Commune qui a fait cerner les députés.

Barrère propose alors à l'Assemblée de se rendre en corps au milieu de la force armée : on adopte sa proposition, et la Convention ayant à sa tête Hérault de Séchelles, sort de la salle de ses séances. Elle rencontre Henriot commandant de la garde nationale ; le président le somme de laisser passer l'Assemblée. « Vous ne sortirez pas, dit-il, que vous n'ayez livré les 22, » et se tournant vers ses soldats : « Canonniers à vos pièces. »

La Convention recule et rentre dans la salle de ses séances. Qu'ai-je besoin d'ajouter que, sous la pression de cette multitude, l'Assemblée décréta l'arrestation des 22 girondins désignés par la Commune.

Ainsi donc pour mettre le Parlement à l'abri de toute tentative criminelle, il importe d'en transporter le siège dans une ville aux allures pacifiques, dont les droits politiques seront même modifiés, s'il est nécessaire, pour assurer la sécurité et l'indépendance des députés.

Telles sont les conditions nécessaires que comporte une organisation stable des pouvoirs publics ; mais elles ne seront suffisantes qu'avec une transformation sociale satisfaisant les légitimes aspirations des classes ouvrières : toute tentative de réformes politiques sans réformes sociales n'aboutira qu'à un régime transitoire : républiques éphémères ou monarchies sans avenir, crouleront les unes sur les autres écrasant dans leur chute les générations égoïstes, jusqu'au jour où seront corrigés les monstrueux abus de la propriété et du capital. Si je n'ai point abordé la question sociale que je place cependant bien au-dessus des transformations politiques, c'est qu'il eût été difficile de la rendre accessible à tous en la traitant d'une manière scientifique, et je préfère la présenter sous la forme d'un roman, où je développerai les principaux traits de l'organisation d'un peuple en possession de tous les droits que la nature a donnés à l'homme. J'emprunterai à l'un des penseurs qui honorent le plus la France, le nom d'une contrée où il suppose une société plus civilisée que ses contemporains, et je l'appellerai voyage à Thélèmes.

FIN.

TABLE DES MATIÈRES

Argentan. — Typ. et Lith. de M¹ CAGNANT.

www.ingramcontent.com/pod-product-compliance
Ingram Content Group UK Ltd.
Pitfield, Milton Keynes, MK11 3LW, UK
UKHW021640090726
13657UKWH00004B/1662